몸 바뀐 사람들

국립중앙도서관 출판시도서목록(CIP)

몸 바꾼 사람들 : 감태준 시집 / 감태준 지음.
— 파주 : 문학동네, 2005
  p. ;   cm
ISBN 89-8281-985-1 02810 : ₩7500
811.6-KDC4
895.715-DDC21   CIP2005000912

몸 바뀐 사람들

감태준 시집

문학동네

自序
—다시 노래를 준비하며

 27년 전의 한 젊은 시인의 모습을 되돌아본다. 생에서 가장 빛나는 시절이었으되 까닭 없이 외로워하고, 타인의 가난과 아픔을 내 것으로 껴안는 순수한 심장을 가진 청년이 산동네를 배회하고 있다.
 지금으로서는 감히 토혈(吐血)하기 어려운 벌거숭이 언어들이지만 훼손하지 않고 그대로 독자에게 내보이기로 한다. 그날의 언어는 그 순간의 감각과 인식으로 유일하기 때문이다.

 27년 전에 낸 시집이 다시 햇빛을 보다니!
 나의 시를 찾아준 독자와 문학동네에 감사드린다.

2005년 봄
감 태 준

1978년 판 自序

　처음이라는 말은 어떤 일의 시초라는 뜻도 되고 낯설다는 뜻도 된다. 이 시집 속에 들어 있는 작품들 중에서도 그처럼 여러 가지 면에서 활용되고 추구되어서 좋을 것들을 나는 아마 많이 놓치고 있을 것이다. 그러나 시는 사소한 것으로 되는 것이 아니다. 시는 무엇보다도 먼저 소리이어야 하기 때문이다. 소리 없는 시는 시의 근본에 대한 노력을 포기한 것이며, 그러한 노력을 포기한 것에서는 인간의 살아 있는 목소리를 들을 수 없을 것이다. 시가 생의 기록이라면 그 기록 속에는 인간의 소리가 들려야 할 것이다. 만일 허상만이 그 속에 있다고 하자. 그것은 생에 대한 가치의 식별을 포기한 상태이거나 과거에 대한 향수 또는 불확실한 미래를 지레 보아버리는 서글픈 낭만의 소산이지 예술정신으로서의 시라고는 할 수 없을 것이다.
　아무튼 나는 이러한 모든 것이 내 스스로 판 무덤이 되지 않기를 바란다.
　이 시집을 내주신 일지사 김성재 사장께 감사를 드린다.

1978년 10월

감 태 준

차례

自序
1978년 판 自序

1부

선(線)은 살아	13
귀향	14
몸 바뀐 사람들	15
빨래 1	16
빨래 2	18
빨래 3	19
빨래 4	20
흔들릴 때마다 한 잔	22
낙도(落島)	23
단독무늬	24
달래의 자정(子正)	25
꿈길밖에 길이 없어	26
타관일기	28
삼대	30
그 사람	31
내게 묻는 말	32
우리 앞의 겨울	34
낙법(落法)	36
이 마음 이 되풀이	38
오래된 시계	39

2부

응용할 증거 1 43
응용할 증거 2 44
응용할 증거 3 45
마주 보기 바에서 46
잠든 배면(背面)에 47
셀룰 타습 48
약속 50
가을비 52
눈이 54
판결 56
고수(枯水) 58
아버지의 가훈 60
배우정이 62
철망이 터진 64
복수철장이 발끝 때 66
최인 68
첫째에 살수 71
길 74
내벽 80
사모곡(思母曲) 84

해설│해일을 몰고 오는 영사증상의 시 85

1부

선(線)은 살아

다시는 만나지 않겠다 서울을 두 번 보고
나간 사촌은,
고향에서
놀던 바다에서도 단독무늬로 밀려밀려,
많았던 색깔도 없이
그늘로만 밀려,

밀리면서 밀리지 않는다 한번
밀린 뒤에 밀리지 않았다 또 한번
고개를 저으면서,

선(線)은 살아 그래도
사촌은 말끝마다 주먹을 그리고,
내가 이제 어쩌겠느냐
늙은 바다는 하나 둘 동백이 지고 있었다

귀향

 서울역에서, 한번은 영등포 굴다리 밑에서 잠깐 스치고 흘러흘러 너를 다시 만났을 땐 눈이 오고, 그해도 저물었다 말이 없는 친구, 손에는 넝마주이 삼 년에 절도 2범, 기차표 한 장, 마음 한구석에는 아직 불구의 조각달이 떠 있다, 되는 것은 안 되는 것뿐이라고 한없이 쓸쓸해하는 네 얼굴에 눈은 날아가 앉고, 눈 위에도 눈이, 타관 불빛을 맞으며 우리는 하룻밤 깡소주에 혹한을 녹였다 머리에 채 남은 눈을 떨면서, 살아도 곱게 살자 꽃같이 살자, 흩어진 마음을 챙겨들고, 우리는 갈라섰다, 끝없이 몰리고 풀리는 행렬 속으로, 너는 이제 기적 소리에도 가볍게 떠밀리고, 떠밀리는 너의 등에서, 아니, 너의 물결 소리가 들리는 머리 위 공간에서, 나는 그때 새들의 고향을 얼핏 보았다

몸 바꾼 사람들

 산자락에 매달린 바라크 몇 채는 트럭에 실려가고, 어디서 불볕에 닳은 매미들 울음소리가 간간이 흘러왔다
 다시 몸 한 채로 집이 된 사람들은 거기, 꿈을 이어 담을 치던 집 폐허에서 못을 줍고 있었다

 그들은, 꾸부러진 못 하나에서도 집이 보인다
 헐린 마음에 무수히 못을 박으며, 또 거기, 발통이 나간 세발자전거를 모는 아이들 옆에서, 아이들을 쳐다보고 한 번 더 마음에 못을 질렀다

 갈 사람은 그러나, 못 하나 지르지 않고도 가볍게 손을 털고, 더러는 일찌감치 풍문을 따라간다 했다 하지만, 어디엔가 生이 뒤틀린 산길, 끊이었다 이어지는 말매미 울음소리에도 문득문득 발이 묶이고,

 생각이 다 닳은 사람들은, 거기 다만 재가 풀풀 날리는 얼굴로 빨래처럼 널려 있었다

빨래 1

젖은 것은 빈틈없이
빨랫줄에 널린다, 집들이 살지 않는 언덕에서
풀 깎인 빈터에서

우리는 하나같이 물든 자(者)도 하나같이
드러난 색깔은 모두 지워져
정말 그러합니다
누구도 모르는 냇가에서
우리는 희게 빨려,

우리에게 남은 것은
무늬가 아니라 선이 아니라,
빨랫돌에 문드러진 얼굴과 얼굴
때로는 비에 젖어 비에 우는 마음뿐,

정말 그러합니다
때가 덜 빠진 친구는

냇가에 아직 쌓여 정든 때를 털리고,
우리는 그리고
냄새나는 바람에 시달리는 밤을 맞는다

빨래 2

 불볕이 쏟아진다 말라빠진 녀석은 마음까지 말라빠져, 이럴 수가 없다니까, 순금의 마음에 새겨진 얼굴은 코만 남았어, 남들이 병(病)을 보고 놀랄 때도 병처럼 껄껄대던 녀석이, 글쎄, 오늘 아침에는 언덕에 선을 긋고 책 속으로 들어가고 말더라니까, 삼남(三南)을 버리고 삼남을 곱게 보던 삼남의 눈빛마저 내버리고, 젊음 혹은 사랑, 너야말로 이별뿐인 춤이라고, 책 속에 거꾸로 매달린 채 녀석은, 조심히 가는 사람들을 옆눈으로 보고 있었다

빨래 3

　유리숟갈로 햇빛을 긁어모으던 내 어린 날의 순진함은
다 어디로 갔을까
　오월 한나절
　저 위험한 계곡 한 덤불 속에 들어앉아
　희게 웃는 백합
　나는 너의 착한 얼굴을 그리워한다

빨래 4

만나는 사람마다 막막히 사라진다
정든 얼룩을 찾아서
유실물계(遺失物係) 앞에서,

남자는 어깨를 떨어뜨리고
마른 입술을 씹는다 뼛속까지 사무치는
비눗내를 떨치며
씹어라 그대 스산한 그림자를 밟는 발소리
발소리 하나는 끊임없이 따라붙어,

그대의 지도에는
늘 이상한 수풀이 흔들린다
길들은 수풀 뒤에서
속곳까지 빨아널려,
벌거벗고 숨어서 끼리끼리 등을 부빈다

정든 얼룩을 찾아서

유실물계 앞에서, 그래 그대는 헛되이
몇 번이나 멈칫대다
유령처럼 돌아가고,

그 자리엔
그대가 버리고 간 그림자만 길게 남아,
돌아오라 돌아오라고 우는 노을녘
방금 핀 해바라기가 고개를 떨어뜨린다

흔들릴 때마다 한 잔

   포장술집에는 두 꾼이, 멀리 뒷산에는 단풍 쓴 나무들이 가을비에 흔들린다 흔들려, 흔들릴 때마다 한 잔씩, 도무지 취하지 않는 막걸리에서 막걸리로, 소주에서 소주로 한 얼굴을 더 쓰고 다시 소주로, 꾼 옆에는 반쯤 죽은 주모가 살아 있는 참새를 굽고 있다 한 놈은 너고 한 놈은 나다, 접시 위에 차례로 놓이는 날개를 씹으며, 꾼 옆에도 꾼이 판 없이 떠도는 마음에 또 한 잔, 젖은 담배에 몇 번이나 성냥불을 댕긴다 이제부터 시작이야, 포장 사이로 나간 길은 빗속에 흐늘흐늘 이리저리 풀리고, 풀린 꾼들은 빈 술병에도 얽히며 술집 밖으로 사라진다 가뭇한 연기처럼, 사라져야 별수 없이, 다만 다 같이 풀리는 기쁨, 멀리 뒷산에는 문득 나무들이 손 쳐들고 일어서서 단풍을 털고 있다

낙도(落島)

 잔에 남은 기쁨을 털어 마시고 골목에서 명동으로, 우리는 하나씩 지구를 안고 갔다 흠 없는 땅 거기, 길에는 머리 풀고 뛰는 불빛 낯선 불빛의 천지, 놈과 나는 불빛에, 인육(人肉)으로 살찐 바다에도 하나씩 땅을 잃어가며 짜게 절고, 절은 눈빛들, 더는 절 구석이 없는 사람들 틈에서 놈이 먼저 기쁨을 토했다 물이 된 기쁨을, 나도 토하고, 시간 밖에 서 있는 시계탑 근처였다, 별빛을 멀리 보며 우리는 문득문득 명동 밖으로 떠밀리고, 떠밀리면서 나는, 서로 손 닿지 않는 놈과 나의 동행(同行)에 다시 한번 떠밀렸다

단독무늬

 눈에 어른대는 가랑잎을 쓸어낸다 아니, 내가 다시 태어난다 강을 만들고, 강 한가운데, 두 개의 물결인 아내와 딸 사이, 나는 잠시 두 물결에 알맞은 무늬로 팔 벌리고 같이 흐른다 저녁 한때 한두 번 또는 두세 번, 아내와 딸은 서로 색깔을 섞어주며 깔깔대고 깔깔거림의 끝 간 데, 나는 언뜻 밤바람 쏠리는 꿈 만나고 혼자 떠돌아, 단순하다 단순하다고 도리어 더 단순하게 물결끼리 짝짓고 기어간다 창 밖에는 한물간 달이 반쪽 흘러가고, 어쩔까 지워버릴까, 가까스로 고개 쳐들고 둘러보면 웃목에 밀려 있는 책 꽁초 사과껍질, 거기 색 바랜 내가 구겨져 있다 갑자기 꿈틀거리는 벽면의 나무들, 그 아래 썰물지는 아내와 딸의 잔물결, 어느덧 강 온통 거덜난 바닥에 가랑잎이 일어선다 아니, 내가 새로 물결을 끌어오고 물결 위에 혼자 외로운 섬처럼 떠오른다

달래의 자정(子正)

 열아홉 생전, 넝마진(塵)에서 품 팔아 별을 헬 줄은, 청량리 3번지에서 분분히 밀리는 안개 속 냉돌 위에서, 속곳 찢기고 내내 부끄러운 내 일 년, 꽃 엮어 짜올린 꿈 치렁치렁 머리에 땋고 집 떠난 지도 일 년, 세상의 희고 검은 손들은 알게 모르게 건너와 내 어릴 때 되고 싶었던 새들을 후려가고, 토담집 엄니 엄니 울 엄니는 깨 터는 밤에, 산골 깨밭을 매다 버린 호밋날로 세상 안개를 맬 줄은, 다시 한 번, 막다른 골목 한가운데 날아온 돌 되던지면 거기, 그러나 무섭도록 고요한 파문, 죄 없는 골목만 집들 사이에 갇혀 있다

꿈길밖에 길이 없어

길이 잘 보이지 않는다
꿈의 서울에는, 머리 빗고 가는 곳마다
낯선 불빛이 낮게낮게 깔릴 뿐,
이 불빛 저 불빛에
기죽어 떠도는 네가 보일 뿐,

팔월 하순의 역촌동에
서럽게 풀들이 말라 있다, 거덜난 내 하늘에도
보름달이 거덜나, 조심해요 조심해요
바람도 숨죽이고 지우는
우리들의 발걸음, 오 흔적도 없이

소주로 적신 입술에서
내 이름이 마른다 지나온 길 돌아보면
아름답고 헛된 흉터에
외롭게 살 바르는 네가 남을 뿐,

고단한 생을 부리에 물고
떼지어 철새들은 떠나간다 다른 불빛 아래로,
휘어진 길이 하나 굽이친다
희미하게 희미하게……

타관일기

겨울맞이를 봄옷 속에서
나는 키를 줄이며 키를 줄이며,
동전 한 닢으로 우리들 미래를 점치는 새는
주인 앞에서,

보이지 않는군 꿈을 보는 밤 열한시
꿈 가까이
빈손을 내놓고 서 있는 가로수,

그 밑에, 없다 없다 빈 손을 내저으며
술병 밖으로 나오는 따라지 셋
노래 셋도 각자 꿈 가까이,
첫눈이 온다 활짝 열리지 않는
마음을 두 손에 나눠들고
나도 어서 꿈 가까이,

꿈 가까이 가는 버스를 기다린다

몸 따로 마음 따로
이즈막에는 한번 흐른 마음이 자주 흘러
고향 바다로 흘러,
바다도 이젠 속이 들여다보인다 돌아와
내 어깨를 두드린다

그래그래, 서울은 정작 첫눈에도 발이 묶여
근시사도(近視四度)에 걸리고,
두 끈을 잃은 따라지가 혼자서
새점을 치고 있다

대체 버스는 언제 옵니까?
봄을 보내지 않은 채 버스를 기다리는
나는 깊이 기다림에 갇히고,
내 시계는 스물세시 사십분에서 떨고 있다

삼대

 바다도 이젠 속이 들여다보인다. 서울에서 굳이 흘러온 물결, 망둥이 몇 마리는 낯선 물결에 병이 깊어 읍내로 뛰고, 철선(鐵船) 옆에는 나이보다 먼저 늙은 배들이 기죽어 누워 있다, 미처 다른 바다로 나가지 않은 아버지는 선대의 그물코에 생(生)을 기울 때, 종신이, 한때는 방파제 돌 틈새에서 고개 내민 봄풀이었다 그는 앞서 뛴 망둥이들 후문(後聞)을 따라 대처로 빠지고, 염밭엔 장꾼만 두엇, 거세게 뒤척이는 바다, 오늘따라 죽은 강아지 한 마리가 마을 초입에서 봄비에 떨고 있다

그 사람

마음은 나도 늘 중얼거리는 바다였다

중얼거리는 바다, 줄 밖에서 줄이 되기를 기다리는 그 사람, 낮 한때, 빈 리어카 위에 잠시 마음을 벗어놓고 낮잠을 빠는 그 사람, 꿈이 아마 덧거칠었는지 몰라, 저 가로수, 그늘 밖으로 리어카째 그 사람을 밀어내고 저 혼자 팔 벌리고 서울을 바라볼 때, 그 사람, 무엇보다도 서울을 보면 슬퍼지는지 도로 눈을 감는다

나도 잠깐 눈을 감고 싶다

내게 묻는 말

 신사동(新寺洞) 산마을에 누가 길을 닦겠니, 발 못 붙인 사람들, 아니면 손발이 짧은 뜨내기끼리 서로 손발이 되어주며 주저앉은 동네, 허리 휘어진 골목에는 끝내 이름없이 가을이 된 풀꽃 몇 포기, 우리도 몇 포기 마음을 한나절 여린 햇볕에 말린다

 아시는 분은 아시리라, 장마에서 덜 풀린 사람들, 기쁨이 모자라는 웃음으로 만들어진 얼굴과 얼굴, 밤이 되어도 눈시울에 해가 걸려 며칠째 밤이 되지 못하며 오늘은 그런대로 등뒤에 몸짓을 걸어놓고 노을 속에 가라앉은 사람들, 앞서 가라앉은 몇몇은 몸만 남고 마음은 한 길에 한 길을 잇대는 사람들

 집에는 아내와 아이들이 살고 있다, 밤 깊도록 길을 묻다 돌아오는 한 젊음, 아니, 다수의 젊음, 뒤에는 눈뜬 채 구겨져 뒹구는 약도, 그 위에 많은 불빛을 죽이고 지친 발자국들이 이리저리 놓인다, 하나씩 둘씩, 풀어져 흐늘거리

며 오는 마음들, 눈 부비고 새로 보아도 어떤 몸이 내 것인지, 골목에 띄엄띄엄 널려 있는 몸들은 그예, 선도 하나 색깔도 하나, 대체 내가 지금 어느 몸 속으로 들어가고 있는지, 아시는 분 없습니까, 내가 어디 있습니까?

우리 앞의 겨울

길 막고 가로누워 있는 산
골짜기에
발소리 죽이고 몰려다니는 가랑잎

산 밖에도 산이 가로누워 있다. 보이는 것은 비탈에 뿌리 묻고 떠는 나무들, 한 떼의 연기 낀 바람에 혼(魂)인 잎 쫓겨쫓겨 발 아래 깔린 우리들도 쫓겨,

아직 덜 꺾인 패랭이, 혹은 갈대에게도 매달려 몸 사리는 새, 끝내 이 산에서 저 산으로, 저 산에서 저 산으로 새끼 물고 떠다니는 열두 달 겨울, 방금 샛길로 나간 무리도 눈물짓고 돌아와 같이 눈을 받는다

눈이 웃는다 허옇게 웃는 큰 산 아래 엎드리고 둘러선 돌산도 웃어, 더불어 막막히 웃는 무리, 틈틈이 웃지 않는 놈도 있다, 마른 가지에 둥지 틀고 울 것은 울어,

산골에 간간 겁 없이 얼룩지는 울음, 위에 눈은 여전히, 아직 이른 눈발까지 웃고 있다 밤이 깊었다, 자 이젠 갑시다, 우리는 어느덧 길 없이도 뿔뿔이 헤어진다
 "밤새 안녕들, 다시 만납시다"

낙법(落法)

희고 검은 팔들이 돌을 던진다
아직 덜 깨어진 하늘의
눈 없는 새들이 바람에 날리는 곳

삭발한 달 옆에
붉은 달이 떠 있고,
다치기 싫다 이른 아침에 숨어 나간 별들이 돌아와
돌아오지 않는 친구를 기다린다

한 접시의 불빛과
친구의 희디흰 얼굴을 기다린다
앞서 깨어진 하늘이 건너와 몸져누울 때,

 무섭구나 한 마리씩 죽지의 힘을 빼는 새들은 별똥처럼 흘러가,
  온몸에 새를 기르는
  나도 함께 흘러서,

우리는 천길 어둠 속으로 떨어지며 떨어지며
찬 손을 맞잡는다
누가 다시
더 큰 돌을 던진다

이 마음 이 되풀이

개미 몇 마리
또 몇 마리, 큰 산 발치에 무릎 꿇고 엎드린 언덕을 떠나
내 손금 밖으로,
온몸에 눈을 달고
고향 내 정든 땅 밖으로,

길 깊이깊이 숨소리를 묻으며 가 닿은 곳은 밤
깊은 가을밤,
사방 둘러 벽인 골짜기 아래 흩어져 울음 켜고 쏘다니다 쏘다니다
끝끝내 풀이 죽어 돌아오는 이 발언(發言), 개미 몇 마리
또 몇 마리……

오래된 시계

 연 사흘 달이 떠 있다 노인의 시계에 불길한 꿈자리에, 아직 한 번도 못 보았던 지평(地平)을 목에 두른 길이 하나 일렁인다, 노인은 혼자, 벽틀 속에 웃고 있는 여인도 혼자, 젊음 위에 한 매듭씩 실마리를 맺을 때, 기울어진 행복, 판잣집 창 밖에도 백골(白骨) 같은 달은 떠서 먼 지평을 비추고, 욕심욕심, 노인은 굳이 시계 한가운데 들어앉아, 녹슨 태엽을 감고 있다

2부

우울한 증거 1

사나이들은 집을 짓고 다시 버린다
죽은 장미 속으로 나를 던지고
별에서 내려온 길을 가는 사람들
나도 또한 점을 찍고 가야 한다면
눈물겨워라 눈물겨워라
무섭게 닫히는 사방 일천리
돌아다볼 한 가닥 불빛도 없는 것을
시간마저 물에 가서 물에 닻을 내린다
알 수 없는 공동(空洞)으로 미칠 듯이 비어가는
아아 꽃 피는 봄밤에도
바람에 불려 떠난 착한 벗님아
맑디맑은 우리에게 세상이 흘러들어
목마와 함께
안온한 밤은 갔다

우울한 증거 2

사나이들은 끝끝내 돌아오지 않는다
가슴속 가득히
나그네를 키우며,
언제나 처음으로 먼 길을 떠난다
열 번이나 스무 번
내가 운 뒤에도
무더기로 흘러가는 저 흐린 얼굴들

사나이들은 죽어서도 거리에 남는다
돌아서서 저 홀로
빈 그릇을 숨기며,
누가 쓰러진 뒤에 다시 쓰러져 쌓이는가
어둠을 씹어 담배를 태우는 사람
그리고는 가야 할 길에서
아직 머뭇거리는 사람

우울한 증거 3

돌아오는 것은 낮달뿐이다
집 떠난 친구들의 눈빛이
나의 눈시울에도 걸리어,
나는 이끼 낀 돌담 밑에 그리움을 묻는다
사나운 말을 달려
형들이 앞서갈 때
나는 그때 달무리 진 고향을 보는 듯했다

돌아오는 것은 그리고
빈 수레뿐이다
쓸쓸히 웃음 없이 눈물도 없이
형들은 빈 수레에 헌 옷들만 보내왔다
벌판을 등에 업은
고향 가뭄을 바로 보면
웬일인지 지척에서 절벽을 보는 듯했다

박수 소리 밖에서

꽃밭이 뒤집힌다 우리는 꽃밭이 뒤집히는 아침에도
깡통을 찬다
박수 소리 밖에서
주인아, 문 있는데 문 없는 집 밖에서
불우한 이마를 치받으며
햇빛이 돌아선다 햇빛이 돌아선다고
비를 퍼붓는, 흉흉한 이 마을의
외로운 문패를 더듬다가
우리는 끝끝내 빈 깡통에 갇힌다
벌판을 눈에 담고 형편없이 형편없이……

같은 백면(白面)에

만나는 햇빛마다
흰 눈으로 쳐다본다, 놈은 간밤에
문서(文書)를 버렸거든

공중의 새들, 발붙일 데 없는 돌들, 몸둘 곳을 뒤질 때 놈은 짐짓 정면에서 웃었어,
터가 나쁜 헛간에 망가진 시계 옆에 떠다니는 달빛에는 달빛, 분해된 팔뚝에는 팔뚝 끼워주고 웃다웃다 입맞추다 갑자기 술이 깨어, 놀랍군

거듭 놀란 낯빛을
희게 지운다 같은 백면(白面)에
약속으로 만들어진 얼굴을 거듭 내걸며,
놈은 놈답지 않게
뒤꼍에서 부서진다 떨며 내리는
낙엽 한 잎, 낙엽 두 잎, 위에 또 한 잎

썰물 다음

이 바다엔 바다가 보이지 않는다
시퍼렇게 눈만 남은 사나이들이
천길 어둠을 퍼올리고,
그때마다 느닷없이 만나는 사람이
험악한 주먹을 들이대고,
그때마다 시린 살갗끼리 몸 부비는 아우성이
개펄 바다를 뒤흔든다

이 바다엔 달이 뜨지 않는다
하나하나 내 어리고 겁 많은 새우들은
다른 바다로 나가고,
돌아오지 않는다 푸른 파도는
사랑이 아니라 사랑을 죽이는 그대
비겁한 팔뚝 안에 굳게 갇혀,

이 바다엔 바다가 보이지 않는 사람의 얼굴도 보이지
않는다

어디에서나 만나던 바닷새가
어디에서나 앓아누워, 그러나
내 귀, 말 못 하는 내 입술이
가혹하게 얼어붙어, 남은 마지막 바닷새는 떠나간다
내 흔한 눈물도 떠나간다

이 바다엔 봄도 먼 길을 돌아서 온다
나아갈 무슨 돛배도 없는 개펄에서
봄은 이미 죽었고, 죽은 땅에서
시퍼렇게 눈만 남은 사나이들은
천길 어둠을 퍼올리고
봄은 허덕이며 꿈꾼다 물결 잔잔한 바다

약도

외등이 걸어온다
밝은 곳으로 나를 이끄는 불빛 속에
초조하게 길들이 흔들린다

어느 길이 진짜냐
한번 흔들린 길은 자꾸 풀어져
어둠의 저편
또 한 사람의 내 머릿속에 어지럽게 놓이고,
아까 만난 골목이
다시 새롭게 보인다

종점에서 내리시오 종점에서,
1975번 버스를 타고
내리시오, 남쪽으로 고개를 돌리면
산이 하나 누워 있고,
거기 지붕이 하얀 집이 보입니다
안경을 다시 써야 할 땐

방풍림으로 가는 골목을 찾으시오

외등의 연약한 불빛 속에
내가 혼자 떠 있고
떠 있는 그림자를 밟으며 시간들만 조심히 앞으로 가고
있다

겨울비

재빨리 꽃들이 흩어진다
숨죽이세요,
손 가까이 사월인들, 아 사월인들 아직 덜 내린 겨울비
가 흩뿌려,

죽은 불씨에 남은 사나이들의
차디찬 그 입술이
그 따뜻해지고 싶은 혓바닥이
겨울비를 맛보아,

사나이들은 산 채로 겨울비에 갇힌다
잘린 두 발을 손에 들고
희게 얼어붙은 형, 나도 얼어붙어서

조용히 아주 소리 없이 소리치는 서울
네 금 간 이마에 날아앉은 새도 얼어붙어서,

밭에서 한번 나간 꽃들은 다시 피지 않는다
사월인들, 아 사월인들 아직 덜 내린 겨울비가 흩뿌려,
새로 꽃 피는 꿈 꾸고 깨어보면 꿈마저 얼어 있다
보세요, 달아나고 싶을 때
늘 제자리에서 꺾이는 길들은 막다른 골목으로 기어들고,

그리운 처마는 길 밖에서 기다린다
주먹을 쥐면
주먹보다 아픈 겨울비……

두 아이

두 아이가
좁은 길에서 놀고 있다

서로 키 큰 나무라 한다
제가 뺏은 땅보다 멀리에 금을 긋고
제가 더 푸르다 한다
온몸에 덕지덕지 잎을 바르며,
제가 곧 나무의 나무라 한다

 아마도 저들이 낙엽을 읽고 낙엽의 아름다움을 깨우치면 저 헛된 잎을 하나하나 벗어가는 아이가 되겠지
 되겠지

 연약한 가지, 부끄러움을 서로 나누어보고는 나직이 살 줄 아는 아이, 맨몸으로도 눈을 맞을 줄 아는 아이가 되겠지

 보아라, 우리가 가을이라 알았을 때는

눈이 오고
두 아이는 아직 발 아래 깔리지 않겠다고 하지 않느냐

편력

  마침내 여름이 왔을 때, 우리가 껴안은 밤이 밤마다 무겁고 지루한 여름이 되었을 때
  나는 발을 씻었다 너의 바람 멎은 바다에서
  한 가닥 미련도 씻어 말리고,

서울에서 나는
종로5가에서 밥을 벌었다 아직 덜 마른 너의 바다는
문득문득 예까지 흘러와 나를 짜게 적시고,

  짠물은 이즈막
  내가 발붙이는 역촌동, 셋방에서도 밀려다니는 나와 함께 밀려다녀,
  나는 울울해, 내 마음 한구석에 틀어박히는 너도 울울하겠지
  제기랄, 너는 그때 잠시 손을 흔들고
  식은 눈물을 뿌렸었지

내 살결에는 아직도
무덥고 지루한 여름, 혹은 우리가 껴안은 밤이 밤마다
의 무덥고 지루한 여름

노부(老父)

이미 썰물 진 로망스 칠십 년
한 사람의 남은 연둣빛 바다에
뜬구름이 찾아왔다
그러나 아직도 많은 젊은 아버지
과거(過去)를 다시 보는 아버지

돌아온 배들이 모여 있는
아버지의 해변으로
오오 또 한 척, 기적을 부리고 돌아오는 종이배
빛나는 유년이여

저 서로 붙잡는 바람과 다음 바람 사이에
흰머리를 날리며
당신은 어느덧
마음을 닫으리라
그러나 아직도 많은 젊은 아버지
과거(過去)를 다시 보는 아버지

사람마다 다른, 갈매기가
온전한 만리해변을 바라고 서녘 바다를 가리킬 때,
아버지는 혼자서
죄를 씻는다

아버지의 겨울

 지금은 눈이 내린다
 한낮의 들불도, 들불 속의 마른 풀더미, 그 입술에 휘감기던 햇발도 숯불처럼 사위어,

 지금은 몇 개의 장작들만 모여앉아
 들불을 기다린다
 아니, 다만 생각할 뿐이다
 눈 위에 문득 눈이 쌓이는
 눈을 맞으며,

 저녁 한때 엿듣는 말씀이 있다
 사랑하라 오직 자신을 위해서
 서로 장작이 되거라

 고향의 종소리, 종소리 속의 산, 그 골짜기 골짜기에서 주워듣는 말씀이
 그러나 지금은 길이 되지 않는다

힘없이 다만 눈이 내린다

바보같이

가시철망에 녹슨 이십 년, 우리는 음험한 늪을 끼고 살았다
　같은 하늘 밑에서
　하나뿐인 반도에서, 반도, 그 차디찬 바람을 모르는 바보같이

　비뚤어진 집을 짓고
　도끼날을 갈았는데, 서슬 푸르게, 도끼날을 갈 때마다 우리는 혼자였다

　기다리는 누구도
　외롭게 목 꺾이는, 돌아오지 않는 다리에서
　우리는 시들었다
　살아남은 나라도 절반은 시들어
　더운 마음들이 가혹하게
　철 그른 눈을 빈다, 뜨거운 한낮에노
　오 무궁화 그 울면서 웃는 얼굴 밖의

녹슨 이십 년, 우리는 늘 엇갈리는 손뼉을 치면서 깨어 있었다

갈망의 뜨락

단 한 알의 이슬이
바다를 기다린다, 유죄로서 끝까지
내가 혼자 남을 때

오 흐린 허공에 걸리는
깡마른 얼굴,
누가 이 뜨락으로 출렁이며 올 것인가
내가 동정(童貞)을 버리면서
향기는 사라지고,
머무르는 저녁마다 장미가 진다

어둠 속에서 더욱 하얀 사람
맨발을 찬란한 별빛에 딛고
하늘을 걸어가는 그대 창옥이
아흔 번씩 아흔 날을
내 넋이 먼저 나와 선창(船窓)으로 열렸건만,
그대 앞엔 언제나

바다가 깨어 있건만

오오 두려워라, 사나운 이마들
회오리바람뿐인 젊은 등불에
우레는 모여서 비를 부르고,
심약한 나의 줏대 나의 평화는
시장(市場)을 만나고
많은 죄를 만났다

그리고는 나로부터
처녀림(處女林)이 끝났다
정신은 나의 부끄러운 육체를 떠나
다른 나를 기다린다

북두칠성이 빛날 때

너는 저녁처럼 왔다
삼월 하순에, 북두칠성이 빛날 때
오히려 캄캄한 얼굴
너는 나의 알 수 없는 적막이었다

돌아보는 뒤에서도
바다는 오지 않고, 어쩔 수 없구나
어린 날의 푸른 파도는
그림 속에서나 만난다

처음으로, 이십육 년 만에 사로잡힌 정물
나는 너의 앞에서 멀리 떠난다
외투를 버리고
밤도 버린다

어쩔 수 없구나, 닫힌 도시에서는
어느 나라든 멀어라

말라터진 입술에서
오늘 하루도 마른다, 삼월 하순에

북두칠성이 빛날 때
너는 저녁처럼 왔다
내 마음의 거리를 가로막고 떠도는
너는 참으로 참담한 적막이었다

죄인

뒷길을 돌아왔다
새벽마다 살아서 남풍을 맞는
그대와 또다른 그대를 능욕하고
부두에서는 부질없이
붉은 해를 등지는 자

나는 마침내
빌린 행복을 돌려주고 왔다
빈 골목을 소요하는
그윽한 리듬, 저 오르간 소리의 하얀 얼굴이
나를 보고 숨는다

어둠만이 깊이 남아
길이 다만 걷게 할 때
돌부리의 인기척, 문득 나를 일깨우는
다른 어머니가 있다
셋이 간 뒤 홀로 오는

나는 그대며 또다른 그대
잃어버린 바다를 서러워한다

알뜰한, 그대의 영원
집이 보인다고
별빛에 푸른 눈동자는 달려간다
신사동(新寺洞)과 희게 타는 외등
열린 문도 한결같은 집 앞에서
낯선 땅인가, 열기 어린 부름 쪽으로
남풍이 돌아선다

꼭 한 개비 남아 있는
참회를 피워물면, 부끄러워라
검게 탄 이마, 젊은 나의 목덜미 둘레에
많은 눈들이 깨어 있다

다시 한번 부서지는

사랑하는 사람이여
셋이 간 뒤 홀로 오는
나는 그대며 또다른 그대
잃어버린 바다를 서러워한다

첫번째 향수

어둠 속의 눈동자,
적요한 슬픔 앞에, 머리 긴 내가 있다
저 닳아버린 구두 위에
기울어진 밤이여

춤추며 노래하는
난(蘭)이와 함께
옛 소년은 길 밖에서 하얀 웃음을 기르고,
흘러온 서울
그대와 나의, 혼과 혼의 두 가지엔
검은 달이 걸린다

눈보라 치던 날
시간의 희고 검은 손들이 나를 밀어붙일 때,
잔물결처럼 내가 밀려온 도시
미움과 사랑의 상가(商街)에서
나는 늘 내 이름을 찾아다녔다

그때부터다
내 굳은 믿음의 흉상에는
귀가 하나밖에 없고,
내가 만나는 거리의 끝까지
적막이 둥둥 긴 밤을 달린다

추억의 한 줄기
내가 드리는 예배 속에
잔별이 지면,
그리워라, 전에는 나였던 백합
갈 수 없는 골짜기에
반짝이는 빛과 유리

기울어진 밤이여
자신했던 사랑도 갈내에서 흔들리는
어둠 속의 눈동자

적요한 슬픔 앞에, 나는 혼자 발을 씻는다

길

   1

자정 직전의 도시는
발끝까지 검은 머리를 날리며 폐허로 뛰쳐가고,
거리 밖에는 잘 보이지 않는
바다가 출렁이고 있었다

동강난 두 귀를 찾아서
우수의 육교, 어둠을 건너서
내가 바다로 가는 길목의
연약한 불빛을 줍고 있을 때,
허기진 사나이들은 몰래 와서
불씨마저 훔쳐가고
나는 자꾸 시계를 보았다

나의 등뒤에서
두려운 이빨을 번득이며

시시각각 죽은 뇌를 씹고 오는 초침,
나는 다급하게 별빛에 눈뜰 때
오오, 겨울은 어느덧
눈꽃으로 하얗게 흩날린다

   2

바람이 띈다
문득 도시로 돌아서는 길목에
칼날 센 바람은 나부낀다

안으로 분노를 접는
핏발 선 나의 흉상,
혹은 발끝에 차이는 램프의
검게 탄 이마에
눈은 나린다

산 세바스찬을 살해하는 천 개의 화살처럼
펄펄한 바람 속을 집중의 눈은 쌓인다

내 신경의 등피마다
끈질기게 달라붙는 불안의 개미떼,
나의 손은 개미를 떨어낸다
돌이 매달린 어깨에도
보라 흉악한 어둠은 맨발로 기어오른다

3

바다와 도시, 믿음과 싸움의
두 배경 사이에서
잃어버린 시간의 썰물을 타고
눈을 감으면,
유년의 주위에는 뗏목을 짜는

원목이 쿵쿵 원정처럼 건너온다

뿌리뽑힌 이십오 세(二十五歲)
초조하게 설레이는
성년(成年)의 눈앞에는 높이 쌓인 망상과 목탄(木炭),
온몸에 열리는 고드름을 녹이며
나는 소중한 귀를 찾으러 가야 한다

길이 많아서
요약되지 않는 길을 배회하는 이 겨울,
헐렁한 외투 속에 목을 감추고
나는 암암리
자정의 둑을 주시하고 있다

4

위험한 순간이여
항시 가 닿을 곳의
커다란 그림자를 쓰고 있는 얼굴이여
끝 모를 어둠 속에 나를 던지고
밤은 어디서 또 장님을 키우고 있는가

초침은 변방의 마을로
모든 빛을 잘라간다
글썽이는 사람들의 깡마른 볼을 깎고
다시 건너와
내 발목을 잘라간다

천 개의 화살이 집중하듯
나를 치받치는
어둠 속의 아픈 소외(疏外),

물러가라 눈알이 얼어붙은 빙판도
깜깜한 외등도 가라

거리의 저편
바다로 가는 길목에서
나는 한 그루
육중한 나무로 서고 싶다

내력

기억의 해변에는
꼬리 긴 초침의 행렬,
거기 숨은 나를 캐는
형성의 설익은 동작에서도
꽃게만 가려내는 어린 날의 착한 혼들,
잃어버린 이마여

어머니의 긴긴 모래밭에서
우리가 완전한 평화를 짓고 있을 때,
나의 신선한 눈동자를
달려온 햇살들은 증명하고,
해일은 늘
아득한 곳에서 돌아섰다

들여다보면
고요한 영혼의 안팎,
목마가 살아 있는 과거 속으로

오색 나의 깃발은 뛰쳐가고
한 줌의 순수, 반짝이는 유리구슬을 버리면서
그때 나는 사나이들의 고독을 보았다

또 어디에선가,
동경(憧憬)의 터널에서
국화처럼 자주 캐던 진주가
허망한 돌이 되어 뒹굴 때,
계절은 몰래 와서 바다를 바꾸고
나는 자꾸 목이 칼칼했다

어둠을 빠는
다디단 잠 속의 새벽 바다
검게 탄 살껍질이
나를 대변할 때까지,
과오를 퍼올리는 삽질 소리
사나이들의 머리칼에 접히는

냉정한 파도 소리, 듣고 있었다

보이지 않는 연대(年代)의
한 끝으로부터
무변(無邊)을 날고 있는
한 마리 심약한 새의 방황과
시야에서 물살 짓는 사나이들의 우수는
아아, 미래의 내 것으로 다가오고 있었다

그렇다 못질한 꿈속까지,
폭력의 시린 삽 끝에 찍어나간
도시는 위대한 첨탑으로 치솟고,
어머니의 해변에는
밤마다 떠밀리는 한 청년의 생애가 있었다

저만치 물러선 밤중의 해안에서
지금 나에게로 돌아드는

내계(內界)의 포오란 잠이여,
갈증을 뜯는 바다, 흉악한 암초에 흩어지는
아픈 잠의 비말이여

먼 수평을 돌아드는
허기진 바람의 부피를 가누면서
나를 외면한 난파의 물결 속에
표류하는 나의 주소,
나의 모반은 아직 떠오르지 않은
달을 기다리며,
항구로 상륙하는
저 밀물들의 습관을 엿보고 있다

사모곡(思母曲)

어머니는 죽어서 달이 되었다
바람에게도 가지 않고
길 밖에도 가지 않고,
어머니는 달이 되어
나와 함께 긴 밤을 같이 걸었다

해설 또다른 역사로서의 시

허혜정(문학평론가)

1. 상처의 내력으로서의 역사

 인류가 이루 표현할 수도 없는 야만적인 사건을 겪어왔듯, 역사의 잔혹성은 아직도 해결되지 않는 인간성의 신비다. 그러므로 시가 역사에 대해 말하는 것은, 단지 세계를 향해 말하는 것이 아니라, 바로 역사라는 형태로 표현된 인간의 영혼과 정신, 이상에 대해 비판적으로 응시하는 것이다. 특히 온당하지 않은 모든 독선과 기만이 횡행하는 장소에서, 한 개인의 내밀한 생의 기록일 수 있는 시는, 그의 삶의 장소와 실존을 관통하는 세계논리를 지시함으로써 역사라는 거대한 주제를 배음처럼 울려준다. 때문에 역사는 어느 나라의 문학 속에서나 시적 개성을 발전시키는 중요한 경험적 통로이고, 주제이며, 때로는 미학적인 출발점으로 인식되기도 했다. 감태준의 경우에도 이에서 예외는 아니다. 이십칠 년 만에 재발간되는 그의 첫 시집 『몸바뀐 사람들』(일지사, 1978)은 유신치하라는 어둡고 황량한 70년대로까지 스며들어가는 시대의 문맥을 우회적으로 건드리면서, 힘겨운 생존의 싸움에 휘말린 개인들의 불안과 상처를 일종의 아웃사이더의 감성으로 환기시키고 있다. 언제나 시인이란, 시대의 가장자리에서, 세계의 질서와 가치들을 회의하고 반역하는 일탈성을 그의 운명으로 가지고 있는 것이지만, 감태준의 시 속에서 발견되는 '가장자리 의식'은, 근대화라는 70년대의 대명제하에 시대의 귀퉁이로 밀려날 수밖에 없었던 군상들의 삶에 대한 뼈아픈 성찰과, 역사라는 관념 속에 추상적으로 박제시켜 버릴 수 없는, 지극히 사실적이고 인간적인 삽화들을 다각적으로 비춰낸다.

감태준 시인이 「내력」으로 등단한 1972년은 잘 알려져 있다시피 유신헌법이 제정된 시기이다. 반공주의, 권위주의, 성장주의로 압축되는 당대의 기류는, 감태준의 시에 도드라지는 삽화들의 거대한 배경을 이루고 있다. '한강의 기적'이란 말을 낳은 단기간의 외형적인 성장에도 불구하고, 한도를 넘어서는 도시집중현상, 계층간 갈등 등

많은 문제점을 낳았던 70년대는, 반민중·반민족·반민주 세력에 대한 저항과 공동체적 가치를 들어올린 민중시학이 광범위하게 호응을 얻고 있던 시대이다. 당대 시의 역사에 대한 관심은 자연스레 데뷔 육 년 만에 발간된 첫 시집 『몸 바꾼 사람들』에도 짙게 투영되어 있지만, 민중이나 혁명 같은 추상적인 지시는 그의 시에서 찾아보기 힘들다. 또한 당대의 민중시가 돌아갈 낙원을 건축하고 이념의 성채를 축조했다면 그의 시는 바로 어둠 속에 막막히 내던져진 존재를, 희망이라는 말조차 섣불리 꿈꿀 수 없는 절망을 표현한다. 때문에 그의 시는 가공의 이야기로 첫 행과 마지막 행이 맞물려 있는 서사적 건축이라기보다, 무방비로 절망 앞에 노출된 자의 침묵 어린 여운 혹은 삶의 아픔과 번민을 감지케 하는 언어의 격류라고 해도 좋을 것이다. 우선 그의 미학적 원칙이라고도 할 수 있는 시집의 서문 부분을 읽어보자.

시는 무엇보다도 먼저 소리이어야 하기 때문이다. 소리 없는 시는 시의 근본에 대한 노력을 포기한 것이며, 그러한 노력을 포기한 것에서는 인간의 살아 있는 목소리를 들을 수 없을 것이다. 시가 생의 기록이라면 그 기록 속에는 인간의 소리가 들려야 할 것이다. 만일 허상만이 그 속에 있다고 하자. 그것은 생에 대한 가치의 식별을 포기한 상태이거나 과거에 대한 향수 또는 불확실한 미래를 지레 보아버리는 서글픈 낭만의 소산이지 예술정신으로서의 시라고는 할 수 없을 것이다.(1978년 판 自序)

위의 구절은 감태준의 초기시가 바로 '소리'와 '생의 기록'이라는 미적 지반에서 출발하고 있음을 암시해준다. 시가 단순히 언어적 메시지가 아니라 소리여야 한다는 주장은, 활자의 영역을 넘어서는 문학의 힘에 주목한 것이며, 이는 신경림의 민요시론이나 김지하의 판소리 가락 등에서도 볼 수 있듯이, 운율이나 구비성을 통해 민중이라는 정서적 공동체를 조직할 수 있는 중요한 전략으로 당대에 받아들여졌다. 자연스런 존재의 심성으로부터 솟구쳐오르는 소리와 소리로 인간의 정서와 마음을 따스하게 묶어주는 것이 노래가 아니겠는가? 노래는 언어 이전에 인간적인 표현을 찾는 중요한 통로이자 일상에서 표현을 찾는 신성한 순간이다. 그러한 노래의 인간주의적 요소는 민중적 연대에 의한 새로운 역사의 가능성을 모색하고자 했던 민중시학의 중요한 뇌관이며, 시의 음악성이 문학석 신보성과 전위성을 띠게 되는 것도 이와 깊은 관련이 있다. 즉 문자 이전의 소리라는 자연성에 대한 신뢰는 바로 근대화라는 인공과 개조의 형식에 대한 반항으로 자라나온 것이며, 그러한 소리의 정서적 공감력을 미적 요소로 강조한다는 것은 관제적 언어나 팸플릿을 통해 제시되는 독재적 의미들에 대한 불온한 반역일 수 있었다. 감태준의 시를 전체적으로 읽어보면, 판소리나 민요시적 명제 같은 것을 빌리지는 않지만 독특한 반복과 구어체 등의 청각적인 요소를 강화함으로써, 문자적 표현의 주권을 장악한 권력에 대항하여, 확신의 형태로서가 아니라 감정적 이입에 의해 공적인 재현과 경쟁하는 수많은 장치들을 찾아볼 수 있다. 때로 시의 메시지를 수수께끼같이 던져주는 소리의 반복성은, 선동적인 음향이 아니라 대단히 내향적인 울림을 확보한다. "요란스럽지 않으면서도 힘을 지닌 그의 리듬"(황동규)이라는 평을 받는 감태준 시의 운율은 단순한 메시지의 소통만이 아니라 언어적 정서에 그가 관심을 기울였음을 의미하며, 이러한 '소리'와 '생의 기록'이라는 양자의 만남은, 감태준의 시적 이상을 구축하는 중요한 토대이다.

하지만 더욱 중요하게 강조되어야 할 또하나의 사항은 시가 '생의 기록'이라는 그의 미적인 원칙이다. 앞에서 지적했던 것처럼 그의 시는 언제든 삶을 송두리째 파괴해버릴 위협적인 힘에 맞선 군상들의 사유와 정서, 그리고 비극적인 한 시대의 어둠에 대해 말하고 있다. 그러나 우리가 놓치고 지나갈 수 없는 것은 그의 시에 중심적으로 재현된 도시의 풍경이 당대의 민중시에 재현된 그것과는 사뭇 다른 느낌을 던져준다는 점이다. 그의 시에는 산업화와 유신치하라는 어두운 시대적 감각이 밀도 있게 담겨있고 당대의 여타 시들처럼 서민적 감각을 두드러지게 내보이지만 고의적으로 민중의식을 강조하거나 하지 않는다. 하지만 그의 시가 기층민에 대한 깊은 공감을 내보인다는 사실은, 민중시학이 재현해온 그것보다 더욱 깊은 문제성을 함축한다. 그의 시적 렌즈는 당대의 민중시가 선호했던 농민, 노동자 등의 경직된 이미지의 범주를 넘어 보다 심층적이고 미세한 부분을 부각시키고 있으며, 민중시에서조차 치명적으로 무시된 군상들의 삶에 세세히 초점을 맞추고 있다. 모던한 스타일에 기대고 있는 각각의 시편들은, 민중적 이념의 범주 밖으로 밀려난 범죄자, 부랑자, 넝마주이, 떠돌이 등에 대한 감정이입을 통해, 생산과 성장을 향해 가열하게 질주하던 산업화시대의 이면을 비판적으로 조명한다. 다시 말해 그가 초기시를 통해 내보이는 풍경은 민중적인 이념과 논리 속에 만들어진 추상의 무대가 아니라 내밀한 개인의 삶의 감각을 통과한, 상처받은 '변방의 대중'들의 삶이다. 시가 '생의 기록' 이어야 한다는 그의 미학적 원칙은 바로 그런 치밀한 관찰력과 구체화, 바로 민중시학에서도 잔혹하게 버려진 삶을 조명하고 있는 데서도 찾아볼 수 있다. 실제로 넝마주이 같은 것은 농민이나 노동자보다 특별히 잔혹한 직업이며, 그런 잔혹한 생존의 논리와 생을 '교환'하는 자들을 그는 '몸 바꾼 사람들'로 애잔하게 표현하고 있다. 이러한 구체성과 서정성의 추구는 지나치게 경직되어가는 민중시의 '허상' 또는 "생에 대한 가치의 식별을 포기한 상태이거나 과거에 대한 향수 또는 불확실한 미래를 지레 보아버리는 서글픈 낭만의 소산"(1978년 판 自序)에 대한 시인 나름의 회의와 반성에서 비롯된 것으로 볼 수 있다. 그의 초기시의 특징을 선명하게 드러내고 있는 한 작품을 읽어보기로 하자.

가시철망에 녹슨 이십 년, 우리는 음험한 늪을 끼고 살았다
같은 하늘 밑에서
하나뿐인 반도에서, 반도, 그 차디찬 바람을 모르는 바보같이

비뚤어진 집을 짓고
도끼날을 갈았는데, 서슬 푸르게, 도끼날을 갈 때마다

우리는 혼자였다

    기다리는 누구도
    외롭게 목 꺾이는, 돌아오지 않는 다리에서
    우리는 시들었다
    살아남은 나라도 절반은 시들어
    더운 마음들이 가혹하게
    철 그른 눈을 받는다, 뜨거운 한낮에도
    오 무궁화 그 울면서 웃는 얼굴 밖의
    녹슨 이십 년, 우리는 늘 엇갈리는 손뼉을 치면서 깨어 있었다

―「바보같이」 전문

위의 시편은 분단현실이라는 역사적 공간에서의 인간 삶의 비애를 '고독'이라는 개인적인 감성과 시선으로 내밀하게 조명하고 있다. 반공이라는 거의 신앙화된 이념적 의미가 지배하던 70년대에, 고착화된 분단체제의 힘에 묶여 "기다리는 누구도/외롭게 목 꺾이는, 돌아오지 않는 다리에서" '혼자' 피어나고 시드는 존재들의 모습을 '무궁화'에 빗대어 비애의 정서로 포착하고 있다. 분단의 문제는 70년대 시문학이 접근해야 할 긴급명제였지만 감태

준은 이러한 당대성의 문제를 구호적이거나 이념적으로 접근하지 않고, 심리적 '철조망'을 넘지 못한 개인의 고독과 소외, 비극의 문제로 다룸으로써, 그러한 피아의 적대 논리에 기반하고 있는 역사의 정당성에 대한 의문, 그런 시대 속에서의 '바보 같은' 삶에 대한 질문들을 동시에 교차시키고 있는 것이다.

언제나 역사가 숭배하는 것은 영웅주의. 하지만 그의 시에 나타나는 화자는 혁명가도 영웅도 저항자도 아닌 작은 개인들이다. 또한 그들은 거대한 공동체적 희망이나 이상을 간직한 존재가 아니라 철저히 무력하게 혼자의 장소에 내던져진, 온갖 삶의 비루함에 더럽혀진 존재들이다. 그의 시에는 그런 간난한 삶 속에서 더욱 예민하게 불거져 나오는 존재론적 질문을 유보적으로 감춰두고 있는 많은 삽화들이 있다.

서울역에서, 한번은 영등포 굴다리 밑에서 잠깐 스치고 흘러흘러 너를 다시 만났을 땐 눈이 오고, 그해도 저물었다 말이 없는 친구, 손에는 넝마주이 삼 년에 절도 2범, 기차표 한 장, 마음 한구석에는 아직 불구의 조각달이 떠 있다,
　　　　　　　　　　　　　　　—「귀향」 중에서

꾼 옆에는 반쯤 죽은 주모가 살아 있는 참새를 굽고 있다 한 놈은 너고 한 놈은 나, 접시 위에 차례로 놓이는 날개를 씹으며, 꾼 옆에도 꾼이 판 없이 떠도는 마음에 또 한 잔, 젖은 담배에 몇 번이나 성냥불을 댕긴다 이제부터 시작이야,
　　　　　　　　　―「흔들릴 때마다 한 잔」 중에서

　"넝마주이 삼 년에 절도 2범"이 된 '불구'의 생은, 포장마차에서 먹히고 있는 '죽은 참새'의 이미지와 오버랩된다. 위의 시편들에는 근대화라는 경제논리의 승리 뒤에 남겨진 애잔한 삶의 풍경, "판 없이 떠도는" 개인들의 고단한 잔영이 담겨 있다. 넝마주이와 두 술꾼과 피로에 물린 주모 등은, "거덜난 바닥에 가랑잎이 일어"(「단독무늬」)서듯 어쩌면 곧 무너질지도 모를 '시작'의 꿈을 꾸는 변두리인들이다. "막다른 골목"(「달래의 자정(子正)」), "절고, 절은 눈빛들, 더는 절 구석이 없는 사람들"(「낙도落島」)과 같은 구절들은 생존의 몸부림이 얼마나 처참하고 무력한 것인지를 보여주는 부분이다. 이렇듯 그의 시는 당대의 민중시처럼 독자를 선동적으로 압도하지 않고, 담담하고 애잔하게 삶의 현장을 바라보게 하고, 그들과 함께 번민하고 슬퍼하게 한다. 이는 서정이라는 시의 근본적인 자질을 소중히 다룸으로써 얻게 되는 흔치 않은

문학의 미덕인 것이다.

　감태준 시의 내면풍경은 자주 혹독한 겨울, 눈, 바람, 겨울비 등의 좌절과 비애로운 풍경의 이미지로 드러나는데, "저녁 한때 엿듣는 말씀이 있다/사랑하라 오직 자신을 위해서/서로 장작이 되거라"(「아버지의 겨울」)라는 아버지의 말씀처럼, 사랑은 거칠고 싸늘한 시대의 기후를 넘어서게 하는 인간적 온기의 따스함을 의미하지만, 그것 또한 "나는 마침내/빌린 행복을 돌려주고 왔다"(「죄인」)는 진술을 가능케 할 만큼, 불가항력적인 현실에 무력하게 얽매인 자기 모순적 소망, 혹은 그 모순적 삶을 철저히 살아가고 있는 존재의 결핍과 상처의 역사로 드러난다. 여기서 중요하게 인식되는 것은, 그의 시가 유년이나 고향, 사랑 같은 어떤 근원의 상실을 끝없이 암시함으로써 환기시키고 있는 목적론적 역사의 시간적 규정이다. 그의 시에서 삶은 그저, 떠돌다 좌초하는 어떤 것이다. 꿈꿀 수 있는 무한한 의미와 안식처를 갈구하지만, 그런 희망마저 곧 상실해버리리라는 불길한 예감은 그의 시 곳곳에 배어 있다. 시인은 거창한 캐치프레이즈로 선전되는 근대라는 시간 형식, 각 개인의 실존에 주어진 부정적 조건으로서의 역사를, 암울한 시각으로 다각적으로 재현한다. 역사가 무시하고 있는 '상처의 내력'들은, 공동체적 희망과 미래를 부르

짖으며 부와 풍요를 향해 치닫던 당대의 역상문자다. 만약 역사가 궁극적으로 지향하는 것이 인간 행복이라면, 역사의 꿈은 늘, 개인의 피폐한 고통까지 함께 껴안고 환기되어야 하는 것이며, 그 환기의 필요성이 바로 '생의 기록'으로서의 시, '인간의 목소리'를 주장했던 그의 시의 출발점이 되는 것이다.

2. 떠도는 자들의 집

여기서 우리가 각별히 주목해야 할 점은, 도시가 갖는 현대사적 의미가 그의 시에 중요한 뇌관으로 자리잡고 있다는 점이다. 가장 단순한 의미에서 우리는 도시에 사는 자유로운 개인들을 시민이라 부른다. 하지만 그 도시에서 배고픈 짐승처럼 생존의 고투에 얽매여 있는 자들을 무어라 불러야 할까. 청춘의 정열도, 사랑의 꿈도, 집이라는 거처조차 가지지 못한 이들을 말이다. 시대의 폐석처럼 도시의 아스팔트 밑으로 다져넣어진 비루한 생들은 그의 시가 조명해온 가장 중요한 부분이다. "감태준의 서울은 본질이 주어지지 않은 서울이다. 좀 어려운 말을 쓰자면 존재론적 구조 속에서 만나는 서울인 것이다"(황동규, 「대도시에 대한 특이한 도전」, 『몸 바뀐 사람들』 초판 해설)라는 지적처럼 시인에게 있어 서울이란 공간은 "아름답고 헛된 흉터"(「꿈길밖에 길이 없어」)를 남기는 방황과 좌절의 공간이다. 다음의 시편들은 존재를 가두고 있는, 딱딱하게 얼어붙은 겨울 도시의 기류로, 당대인의 심리적 현실을 암시한다.

>사나이들은 산 채로 겨울비에 갇힌다
>잘린 두 발을 손에 들고
>희게 얼어붙은 형, 나도 얼어붙어서
>
>조용히 아주 소리 없이 소리치는 서울
>
>—「겨울비」 중에서

>서울에서 나는
>종로5가에서 밥을 벌었다 아직 덜 마른 너의 바다는
>문득문득 예까지 흘러와 나를 짜게 적시고,
>
>—「편력」 중에서

 서울이라는 낯선 공간에서 짐승처럼 절망하는 자들의 얼어붙은 비명은 70년대의 집단적인 공동체성의 반대항에 놓인 개인들의 심리적 기류를 압축한다. 소박한 생존의 갈망마저 위태롭게 하는 낯선 도시에서, "조용히 아주 소리 없이 소리치는" 자들의 모습은, 끊임없이 문학이 기억해내고 되살려야 할 아픔과 설움의 형상들이다. "종로5가에서 밥을 벌"어야 하고, 때로는 "잘린 두 발을 손에 들고/ 희게 얼어붙은" '사나이들'의 이야기는, 삶의 소외와 불안에 사로잡힌 70년대 군상들의 실존적인 일상의 이야기라 할 수 있지만, 이는 단지 당대의 경험을 동질적으로 통과한 이들에게만 공유되는 것이 아니라, 행복이라는 거대한 수사와 선전, 뉴스와 신문지 뒤에서, 역사 속에서 얼마든지 반복해서 일어날 수 있는 일들의 가능성을 보여주는 것이다. 언제나 역사는 분명한 길을 지시하고, 이념적인 확신과 선동을 일삼지만, 실제로 개인들의 삶은 그리 호락호락한 것이 아니다. "어느 길이 진짜냐"(「약도」)고 물어야만 하는 혼동과 혼란, 때로는 무한한 고립감과 피로 속에 방치되어 있다. 생의 '무늬'도 나아갈 길(線)도 잃어버린 "문드러진 얼굴"(「빨래 1」)은 고단한 몸부림의 흔적을 간직한 빨래처럼 비에 젖고 있다. 빨래는 질기게 삶을 부여잡고, 가난해도, 병들어도 온몸이 문드러지도록 삶이라는 이름을 뒤집어쓰고 몸부림치는 존재의 슬픔이 애잔하게 투영되어 있는 이미지이다. 늘 그의 시에는 존재의 어두운 바닥으로 열려 있는 혼돈의 소용돌이와 그 혼돈을 가두는 표면의 강고한 힘이 동시에 자리한다. 한없이 주관의 심해로 열려 있는 비탄의 정서, 그리고 도시라는 객관의 세계와 마찰하며 완강하게 현실을 직시하고자 하는 시적 의지가 동시에 관통하고 있다.

여기서 우리는 그의 시에서 특별히 '바다'라는 이미지에 주목해볼 필요가 있다. 그것은 시대의 파도 앞에 내던져진 유년, 고향과 같은 원초적 꿈의 장소와 그것의 부재를 드러내는 중요한 이미지라 할 수 있기 때문이다.

바다도 이젠 속이 들여다보인다, 서울에서 굳이 흘러온 물결, 망둥이 몇 마리는 낯선 물결에 병이 깊어 읍내로 뛰고, 철선(鐵船) 옆에는 나이보다 먼저 늙은 배들이 기죽어 누워 있다, 미처 다른 바다로 나가지 않은 아버지는 선대의 그물코에 생(生)을 기울 때, 종신이, 한때는 방파제 돌틈새에서 고개 내민 봄풀이었다 그는 앞서 뜬 망둥이들 후문(後聞)을 따라 대처로 빠지고, 염밭엔 장꾼만 두엇, 거세게 뒤척이는 바다, 오늘따라 죽은 강아지 한 마리가 마을 초입에서 봄비에 떨고 있다

―「삼대」 전문

유독 시에서 자주 도드라지는 '바다', 유년, 고향 등의 시공간이 강조하는 것은, 생의 뿌리조차 문드러진, 그러나 그 뿌리에서 떠나야만 살아갈 수 있었던 근대적 이념의 그늘진 반영이다. 위의 시에는 '삼대'가 살아왔던 생의 터전에 대한 비탄과, "선대의 그물코에 생(生)을 기"우던 아버지(실은 그의 아버지는 어장주였다 한다)에 대한 회억, '대처'로 떠나가야만 했던 존재의 절망이 짙게 투영되어 있다. 다시 말해 바다의 이미지가 암시하는 것은 존재가 진정으로 원했던 낙원, 고향 그 자체가 아니라, 그것의 부재이며, 그 결손과 부재의 지점이 바로 그의 시가 시작되는 곳임을 알 수 있는 것이다. 그의 여타의 시에도 근대화의 파도를 타고 "잔물결처럼 내가 밀려온 도시 / 미움과 사랑의 상가(商街)에서 / 나는 늘 내 이름을 찾아다녔다"(「첫번째 향수」)는 자기 확인에의 갈망과 절망, '뿌리뽑힌 이십오 세(二十五歲)'(「길」)의 길에는, "흉악한 암초에 흩어지는 / 아픈 잠의 비말"(「내력」)이 가득하다.

도시의 차가운 바람과 덧없는 방황 끝에 돌아온 고향 바다는, "시퍼렇게 눈만 남은 사나이들"(「썰물 다음」)처럼 생존의 몸부림에 청춘을 실어보낸 자들의 비통한 역사 혹은 방황의 종착지에서 다시 자기에게로 돌아오게 하는 근원의 유인력 등 어떠한 의미로도 해석될 수 있는 폭넓은 의미의 진폭을 가진다. "여하튼 처음부터 그의 바다는 도시와 함께 '두 배경'을 이루고 있을 뿐이다. 이 두 배경 사이에서 자기 공간을 지니고 있었던 그가 서울이라는 대도시에 살게 되며 바다를 잃고 따라서 어떤 두 가지의 '사이'를 잃게 된 것이 아닌가"(황동규, 같은 글)라는 지적처럼 이러한 인공과 자연 사이, 틈새에 서식하는 감태준의 시는, 현실에 대한 추상도 신화도 아닌 당대의 이미지를 개인적인 감성과 세미한 의식을 통해 강력하게 부조해낸다. 즉 그의 시는 존재를 이념적이거나 추상적인 공간에 배치하지 않고, 민중적 인식의 편집과 조작 속에 만들어진 이미지를 피해간다. 그의 시는 너무나 사실적으로 보이지만 실제로는 민중이라는 추상과 이념이 개입하는 당대의 수사의 질서를 깨고, 너무나 또렷한 확신에 사로잡힌 민중시의 인물이 아니라 "보이지 않는 연대(年代)의 / 한 끝으로부터 / 무변(無邊)을 날고 있는 / 한 마리 심약한 새의 방황"(「내력」)과도 같은 삶의 내력을 통해 당대인의 서정을 치밀하게 건져올린다. 이러한 구체성의 확보는 삶의 장소에 대한 진정한 역사적 / 정치적 인식이다. 겨울이 가면 봄이 온다는 추상적 희망의 메시지가 아니라 "겨울이 오고 / 겨울 뒤에서 더 큰 겨울이 오고 있었다".(「철새」, 『마음의 집 한 채』, 미래사, 1991)

특히 그의 초기시에서부터 90년대의 시편에까지 지속적으로 다루어지는 새의 이미지는 서울로 이주해서 삶의 뿌리를 내리고자 하는 당대인의 심리적 은유이자, 착지할 거처마저 박탈당한 존재들의 아픔을 함축하는 이미지라 할 수 있다. 견고하게 논리와 질서를 구축하면서 개인의 삶을 근대화라는 거대한 대명제에 복속시켜가는 세계는 늘 그들을 삶의 지반에서 '떠나게' 하고 '떠돌게' 한다. 굽이침, 쓸림, 흐름 등의 동사가 이어지는 시 속의 정경에는 "발 못 붙인 사람들"(「내게 묻는 말」) "눈 없는 새들"(「낙법落法」)로 암시되는 군상이 가득하다. 그의 시에서 자주 엿보이는 '길 잃은' 자들의 이미지에는, 뿌리도 정착지도 없는 부표 같은 기층민의 삶의 실상이 깊이 아로새겨져 있다. 오직 살아보자는 순박하고 서러운 꿈을 안고, 안간힘으로 한겨울 기류를 가르는 '떠돌이새'의 모습들은 얼마나 깊은 연민을 가지고 떠오르는 것일까? "우리가 너무 멀리／서울까지 온 것은 아닐는지"라고 불안해하면서도 "기차를 타고 내린 뭇새들"(「떠돌이새 2」, 『마음의 집 한 채』)은 이미 돌아갈 바다조차 잃어버렸다. 떠도는 자들의 집은, 오직 방황의 행로 그 자체이며, 철새처럼 이동하는 한 가족의 '내력'은 바로 근대화라는 뒤안에 숨겨진 역사의 흔적에 다름아니다.

산자락에 매달린 바라크 몇 채는 트럭에 실려가고, 어디서 불볕에 닳은 매미들 울음소리가 간간이 흘러왔다
　다시 몸 한 채로 집이 된 사람들은 거기, 꿈을 이어 담을 치던 집 폐허에서 못을 줍고 있었다

　그들은, 꾸부러진 못 하나에서도 집이 보인다
　헐린 마음에 무수히 못을 박으며, 또 거기, 발통이 나간 세발자전거를 모는 아이들 옆에서, 아이들을 쳐다보고 한 번 더 마음에 못을 질렀다

　갈 사람은 그러나, 못 하나 지르지 않고도 가볍게 손을 털고, 더러는 일찌감치 풍문을 따라간다 했다 하지만, 어디엔가 生이 뒤틀린 산길, 끊이었다 이어지는 말매미 울음소리에도 문득문득 발이 묶이고,

　생각이 다 닳은 사람들은, 거기 다만 재가 풀풀 날리는 얼굴로 빨래처럼 널려 있었다
　　　　　　　　　　　　―「몸 바뀐 사람들」 전문

오랜 삶의 터전을 버리고 낯선 곳으로 이주한 '몸 바뀐

사람들'은 폐허가 된 집터에서 못을 줍고 그 '꾸부러진' 못 하나에서도 집을 꿈꾼다. 집이라는 공간은 인간이 잃어버린 '낙원'의 세속화된 공간이며, 이미 부재하는 낙원의 또다른 이름이다. 하지만 끝없이 집을 찾아 표류하고 좌초하고, 혹은 "生이 뒤틀린 산길"에 그대로 주저앉아버리는 존재들에게 가장 무서운 것은, 떠날 날이 매순간 다가서 있다는, 다음에는 어디로 가야 할지 "생각이 다 닳은 사람들"의 절망이다. 이 피로의 감수성은 번영과 진보를 위해 매진해야만 했던 시대의 지층 밑에 숨겨진 개인의 절망감을 내비쳐준다. 바꿔 말해, 그의 시는 도시에서 집을 보지 않고, 집에서 도시를 본다. 간난한 삶을 통해 재현되는 그 다기한 현실은, 시인의 감수성 안에서 포착된 역사의 실상이며, 세계가 선전하는 현실과는 반대켠에 놓인 새로운 리얼리티의 출발이다. 바로 이런 시경향에 대하여 도시시라는 논의를 해본 것은 그리 오래 전의 일이 아니다. 오늘날 그렇게 어둡고 을씨년스럽고 비인간적인 도시를 만나는 것은 놀라운 일이 아니다. 하지만 그의 시는 "헐린 마음에 무수히 못을 박"아야만 하는 폐허의 바닥을 더듬으며, 꿈꾸는 일조차 수월하지 않은 절망의 도시를, 외로이 고립된 생의 변방을 치밀하게 보여줌으로써 관념적이고 이념적인 재현에 몰두했던 당대 시의 중요한 공백을 보충한다.

　우리가 어떤 방식으로 시를 바라보건 간에 시에서 느껴지는 아픈 삶의 질감은 무엇에도 비할 수 없는 가장 소중한 자산이며, 강렬한 공감을 유도하는 근원이다. 가난하다는 의식은 결코 이념이 아니다. 아웃사이더의 경험도, 떠돌이의 아픔도, 고독의 체험도 말이다. 독자는 그의 시를 읽으며 어쩌면 '빈궁의 시대'라는 말을 떠올릴지도 모르겠다. 하지만 가난이란 무엇인가? 그것이 단순히 가난에서 오는 느낌이었을까? 우리는 경제적 가난이란 이념 없이 70년대의 시를 떠올리기 힘들다. 그러나 바로, 그것은 인간의 목소리와 감정, 꿈과 심장을 훔쳐간 근대라는 세계논리 자체의 가난, 어쩌면 현대인의 실존을 규정하고 있는 완강한 역사의 문제가 아니었을까? 감태준의 시는 가장 개인적이고 내밀한 시선으로, 살아남고 꿈꾸기 위해 발버둥쳐야만 하는, 바로 현재형으로 진행되고 있는 현실의 문제를 새로이 직시하게 한다. 오늘날 이윤을 위해 친절과 애정을 가장하는 도시는 얼마나 우리를 끔찍한 고독에 길들이는가. 난폭한 야수처럼 주머니를 털어내는 욕망의 도시는 우리의 삶을 얼마나 허기지게 하는가. 어두운 굴다리 밑에서 등허리를 구부린 넝마주이처럼 우리의 심장은 얼마나 가난하고 텅 비어 있는가. 어쩌면 감태준의 시가 조명하고 있는 그 막막하고 암울한 생의 귀퉁이들은, 오늘날의 시가 가장 치밀하게 탐색하고 있는 현대성의 가장 어두운 부분들과 연관되어 있는지도 모른다. 날마다 풍요로 번쩍이는 거대도시의 귀퉁이에서, 우리는 경제적 의미의 빈곤만이 아니라 자아와 문명 전부의 불능과 연결되는 허기와 고립, 삶의 허탈감에 시달리고 있기에, 그의 시에 나타나는 가난의 이미지는 아주 실제적인 차원에서 고립되고 차단된 현대인의 무력함의 체험과도 긴밀히 연관될 수 있기 때문이다. 이러한 의미에서 그의 시는 단순히 한 시대의 체험적 기록이 아니라 보다 복잡한 현대의 역사적 문화적 좌표 읽기의 영역으로 이동한다. 완벽한 세계상이 균열지고 파편으로 부서져내린 자리에, 세계라 믿어왔던 것이 무섭도록 우스꽝스런 허구임을 알게 된 시대에, 삶에 진력이 나 노래하고 취하고 미쳐가는 동안에도, 우리는 상실과 고갈로 마모되어가는 너절한 육신을 끌고 오간다. 그의 시에는 지나치게 선동적인 어조나 자의식에 갇힌 자의 한숨과 자탄과 울부짖음이 아니라, 한 인간의 고통을 통해 역사를 통찰하게 하는, 적절히 통제된 의식의 상인함이 있다. 그의 시를 전체적으로 관통하고 있는 인간적인 공감력과 냉엄한 관찰력은, 영웅적으로 극화된 어떤 선동적인 시보다 오늘날까지 강한 친화력과 호소력을 불러일으킨다.

몸 바뀐 사람들
ⓒ 감태준 2005

초 판 인 쇄 | 2005년 5월 6일
초 판 발 행 | 2005년 5월 20일

지 은 이 | 감태준
펴 낸 이 | 강병선
책 임 편 집 | 조연주 이상술 김송은
펴 낸 곳 | (주)문학동네
출 판 등 록 | 1993년 10월 22일 제406-2003-000045호

주　　　소 | 413-756 경기도 파주시 교하읍 문발리 파주출판도시 513-8
전 자 우 편 | editor@munhak.com
전 화 번 호 | 031) 955-8888
팩　　　스 | 031) 955-8855

ISBN　89-8281-985-1　02810

* 이 책의 판권은 지은이와 문학동네에 있습니다. 이 책 내용의 전부 또는 일부를 재사용하려면 반드시 양측의 서면 동의를 받아야 합니다.

www.munhak.com

문학동네 시집

김남주	옛 마을을 지나며	하종오	님
도종환	사람의 마을에 꽃이 진다	김시천	마침내 그리운 하늘에 별이 될 때까지
김영현	남해엽서	이산하	천둥 같은 그리움으로
박 철	새의 선물	서동욱	랭보가 시쓰기를 그만둔 날
하종오	쥐똥나무 울타리	마종하	활주로가 있는 밤
김형수	빗방울에 대한 추억	김명리	적멸의 즐거움
서 림	伊西國으로 들어가다	김익두	서릿길
염명순	꿈을 불어로 꾼 날은 슬프다	박이도	을숙도에 가면 보금자리가 있을까
이동순	꿈에 오신 그대		
안찬수	아름다운 지옥	정영선	장미라는 이름의 돌멩이를 가지고 있다
박주택	방랑은 얼마나 아픈 휴식인가		
신동호	저물 무렵	윤희상	고인돌과 함께 놀았다
손진은	눈먼 새를 다른 세상으로 풀어놓다	최갑수	단 한 번의 사랑
		이윤림	생일
유강희	불태운 시집	양정자	가장 쓸쓸한 일
최영철	야성은 빛나다	박 찬	먼지 속 이슬
문복주	우주로의 초대	서 림	세상의 가시를 더듬다
권오표	여수일지(麗水日誌)	윤의섭	천국의 난민
하종오	사물의 운명	박 철	영진설비 돈 갖다 주기
주종환	어느 도시 거주자의 몰락	김철식	내 기억의 청동숲
오세영	아메리카 시편	박몽구	개리 카를 들으며
이윤학	나를 위해 울어주는 버드나무	김영무	가상현실
이재무	시간의 그물	양선희	그 인연에 울다
윤 효	게임 테이블	조창환	피보다 붉은 오후
고재종	앞강도 야위는 이 그리움	김영남	모슬포 사랑
이명찬	아주 오래된 동네	윤제림	사랑을 놓치다
정우영	마른 것들은 제 속으로 젖는다	강연호	세상의 모든 뿌리는 젖어 있다
함명춘	빛을 찾아나선 나뭇가지	한영옥	비천한 빠름이여
심호택	미주리의 봄	김경미	쉬잇, 나의 세컨드는